成语与歇后语

◎ 主编 金开诚

◎ 编著 张红艳

吉林出版集团
吉林文史出版社

图书在版编目（CIP）数据

成语与歇后语 / 金开诚著. -- 长春：吉林文史出版社，2011.10 (2023.4重印)
（中国文化知识读本）
ISBN 978-7-5472-0869-4

Ⅰ. ①成… Ⅱ. ①金… Ⅲ. ①汉语-成语-汇编②汉
语-歇后语-汇编 Ⅳ. ①H136.3

中国版本图书馆CIP数据核字(2011)第208920号

成语与歇后语

CHENGYU YU XIEHOUYU

主编/ 金开诚 编著/张红艳

项目负责/崔博华 责任编辑/崔博华 梁丹丹

责任校对/梁丹丹 装帧设计/李岩冰 董晓丽

出版发行/吉林出版集团有限责任公司 吉林文史出版社

地址/长春市福祉大路5788号 邮编/130000

印刷/天津市天玺印务有限公司

版次/2011年10月第1版 2023年4月第3次印刷

开本/660mm×915mm 1/16

印张/9 字数/30千

书号/ISBN 978-7-5472-0869-4

定价/34.80元

前　言

文化是一种社会现象，是人类物质文明和精神文明有机融合的产物；同时又是一种历史现象，是社会的历史沉积。当今世界，随着经济全球化进程的加快，人们也越来越重视本民族的文化。我们只有加强对本民族文化的继承和创新，才能更好地弘扬民族精神，增强民族凝聚力。历史经验告诉我们，任何一个民族要想屹立于世界民族之林，必须具有自尊、自信、自强的民族意识。文化是维系一个民族生存和发展的强大动力。一个民族的存在依赖文化，文化的解体就是一个民族的消亡。

随着我国综合国力的日益强大，广大民众对重塑民族自尊心和自豪感的愿望日益迫切。作为民族大家庭中的一员，将源远流长、博大精深的中国文化继承并传播给广大群众，特别是青年一代，是我们出版人义不容辞的责任。

本套丛书是由吉林文史出版社组织国内知名专家学者编写的一套旨在传播中华五千年优秀传统文化，提高全民文化修养的大型知识读本。该书在深入挖掘和整理中华优秀传统文化成果的同时，结合社会发展，注入了时代精神。书中优美生动的文字、简明通俗的语言、图文并茂的形式，把中国文化中的物态文化、制度文化、行为文化、精神文化等知识要点全面展示给读者。点点滴滴的文化知识仿佛颗颗繁星，组成了灿烂辉煌的中国文化的天穹。

希望本书能为弘扬中华五千年优秀传统文化、增强各民族团结、构建社会主义和谐社会尽一份绵薄之力，也坚信我们的中华民族一定能够早日实现伟大复兴！

目录

一、成语概说

　　成语是我国汉语词汇中特有的一种长期相沿习的，具有书面语色彩的固定短语。例如："千钧一发、勇往直前、坐井观天、实事求是、诲人不倦、经年累月、缘木求鱼、七手八脚。"

　　成语有很大一部分是从古代沿用下来的，在用词方面往往不同于现代汉语。其中有古书上的成句，也有从古人诗文中压缩而成的词组，还有来自人们口里常说

的习用语。有些意义从字面上可以理解，有些从字面上则不易理解，特别是典故型的。如"乐不思蜀""安步当车""草木皆兵"之类，在汉语成语里占有一定的比例。汉语历史悠久，成语特别多，这也是汉语的一个特点。

成语的意思精辟，往往隐含于字面意义之中，不是其构成成分意义的简单相加，具有意义的整体性。成语结构紧密，一般不能任意变动词序，抽换或增减其中的成分，具有结构的凝固性。其形式以四字格居多，也有少量三字格和多字格。如"莫须有""闭门羹""迅雷不及掩耳""醉翁之意不在酒"等等。

成语绝大多数是由四个字组成的，所以有些人往往把由四个字组成的普通词组，尤其是文言色彩比较浓厚的普通词组，误看做成语。我们应当注意，凡是一个词组里的词可以替换的，就应该把它看做普通词组。例如"根本改变"这个词组，也可以改为"彻底改变""基本改变"或"大大改变"；又如"密切合作"这个词组，可以改为"紧密合作"；"肆意挥霍"，可以改为"任意挥霍"或"随意挥霍"。这几个词组改了以后，并不影响意义，像这样可以自由改动的词组，都是普通词组。

至于成语，则是一个有机的整体。组成成语的词，一般不能用其他意思相同或相近的词来替换。例如"虎口余生"这个成语，就不能改为"狼口余生""豹口余生"或"虎嘴余生"；"任重道远"，也不能变更为"道远任重""任重路远"或"任重又道远"等等。

成语是语言中经过长期使用、锤炼而形成的固定短语。它是比词的含义更丰富而语法功能又相当于词的语言单位，而且富有深刻的思想内涵，简短精辟，易记易用，并常常附带感情色彩。成语在语言表达中有生动简洁、形象鲜明的作用。

它本身就有不少比喻和对比以及加重的措辞方法。所以我们在使用成语的时候也要多加注意。

例如"盲人瞎马"这个成语出自刘义庆的《世说新语·排调》，原文为："盲人骑瞎马，夜半临深池。"

故事讲述的是：东晋时，桓玄、殷仲堪和顾恺之聚在一起做一个文字游戏，即比试谁说的话更惊险。桓玄首先说："矛头淅米剑为炊。"意思是用长矛的尖头淘米，用剑烧火做饭。殷仲堪接着说："百岁老翁攀枯枝。"意思是说一个百岁的老头悬挂在一根干枯的树枝上，自然很危险。这时有人接着说了一句："井上辘轳卧婴儿。"说井台上的辘轳上睡着一个婴儿，似乎更险。顾恺之说："盲人骑瞎马，夜半临深池。"意思是一个双

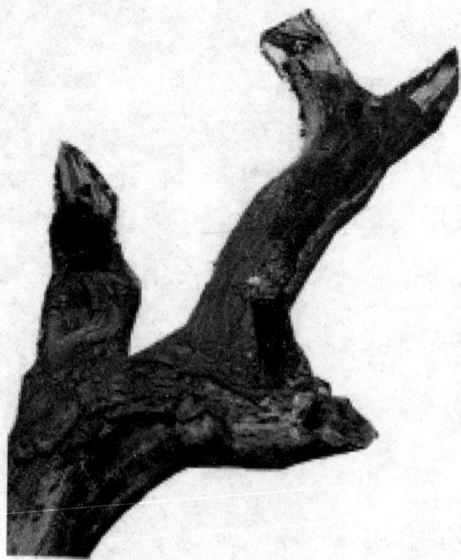

目失明的人，骑着一匹瞎马，半夜三更，走在深水池的旁边。一只眼睛失明的殷仲堪听后吓了一跳，脱口而出："这太可怕了！"

后人便把"盲人骑瞎马"简化成"盲人瞎马"，比喻瞎撞乱闯，非常危险。

我们需要思考的是，四件事都形容危险，为什么却只有"盲人骑瞎马，夜半临深池"成为大家所熟知的成语，而"矛头淅米剑为炊""百岁老翁攀枯枝""井上辘轳卧婴儿"都没有成为成语？原因是"盲人骑瞎马"不仅形象、生动，而且音律和谐，并能演化成固定简洁的形式，故为人们喜闻乐用，而其余三个却没有这种特点和基础，因而不能演化为成语。

成语具有形式整齐、音律和谐、源远流长的特征，在结构上具有凝固性，在意义上具有整体性。

成语最突出的特征是由四个音节构成的成语占绝大多数。就以流行较广的《现代汉语成语词典》(增订本,上海教育出版社出版)为例统计,该词典共收成语八千七百条,其中四字格成语八千四百二十条。可以说,四音节形式是成语区别于熟语中的其他成员(如谚语、惯用语、歇后语)的一个显著标志。

汉语是有声调的语言,具有音乐美,成语突出地表现了汉语的这一特点。其音律上的特点主要体现在两个方面:其一,成语的四个音节大多是两两相对,匀称整齐,节奏鲜明。其二,平仄相间,音调高低起伏,具有旋律美。例如:"山清水秀、行云流水、豁然开朗、侃侃而谈。"

成语的第二个特征是源远流长。源远指成语沿用的历史性,例如:成语"有恃无恐"最早见于《左传·僖公二十六年》

"室如悬磬，野无青草，何恃而不恐"，至今已有两千多年的沿用历史了。"背水一战"出自西汉司马迁《史记·淮阴侯列传》，至今也已两千余年。"捕风捉影"最早出现在宋朝朱熹的《朱子全书学一》，"两面三刀"最早出于元曲《灰阑记》，"南腔北调"最早出现在清朝富察敦崇的《燕京岁时记》，这些成语都有一二百年甚至八九百年的沿用历史了。

流长指成语使用上的社会性。成语为人民群众所接受，在书面或口头上广泛使用。像一些来自古诗词中的成语，它们是从不同时代的诗词中截取的原义，因为它们或寓意深刻，或形象生动，是全诗的警句、名句，被人民群众喜爱，广为使用和传诵，得以流传。例如"春风得意""平分秋色""山雨欲来风满楼""朱门酒肉臭，路有冻死骨""野火烧不尽，春风吹又生"等。

第三个特征是在结构上的凝固性。

成语的结构形式一般是定型的、凝固的。它的构成成分和结构形式都是固定的，不能任意变动词序或抽换、增减其中的成分。例如，不能把"欢天喜地"改为"欢天笑地"，也不能把"南腔北调"说成"东腔西调"，不能把"狼狈为奸"增添为"狼狈而为奸"，同样，"患得患失"减缩为"患得失"也是不允许的。从结构关系来看，也是不能任意变动的。比如"愚公移山"的内部结构是主谓关系，"重见天日"是动宾关系。这种结构关系一经固定，便不能随意更动。不能把"愚公移山"改成"移山愚公"，也不能把"重见天

日"改成"天日重见"。

为什么成语的结构成分和结构关系不允许任意变动呢？这是因为成语是在长期使用中逐渐形成的，它是"约定俗成"的产物，一经定型就有了一个规范的固定的形式。例如"抱头鼠窜""鼠目寸光""胆小如鼠"等成语反映了人们对老鼠的厌恶心理，若将其中的鼠改为"兔""龟"等，不符合人们的心理习惯。再如"四通八达"曾有过"四通五达""七通八达"的说法，但最后定型为"四通八达"，这就不能任意变更了。如果加以变更，只会造成使用上的混乱。而且，改变了成分和结构关系，还会造成词义上的混乱。例如"病入膏肓"这个成语来源于《左传·成公十年》："疾不可为也。在肓之上，膏之下，攻之不可，达之不及，药不至焉。"这则成语和它概括的意义之间的联系已有两千多年的历史，如果把"病入膏肓"改成"病入心脏""病

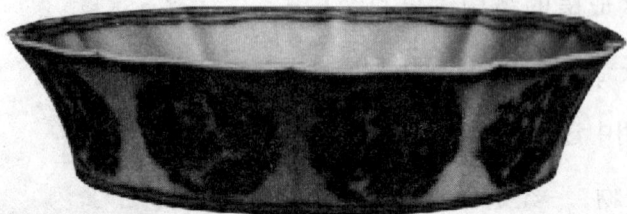

入脑髓"，必然会造成意义上的混乱。

第四个特征是在意义上的整体性。成语在表意上与一般固定短语不同，它的意义往往并非其构成成分意义的简单相加，而是以整体来表达特定意义的。这就是说，要透过字面的意义来深入领会成语的意义。

例如，"高山流水"不是高山上的流水，或高山和流水，实际含义是比喻知己或知音。故事出自《列子·汤问》："伯牙善鼓琴，钟子期善听。伯牙鼓琴，志在高山，钟子期曰：'善哉，峨峨兮若泰山！'志在流水，钟子期曰：'善哉，洋洋兮若江河！'伯牙所念，钟子期必得之。"故事大意是：伯牙善于弹琴，钟子期善于鉴赏音乐。伯牙弹奏表现高山的乐曲，钟子期说："好啊！你的心志就像那巍峨崇高的泰山！"伯牙弹奏表现流水的乐曲，钟子期说："好啊！你的心志就像那奔腾浩荡的江河！"无论伯牙弹奏什么，钟子期都听得出他的音乐所寄托的思想感情。人们便用这个成语来比喻知己或知音，也比喻音乐优美。

再如，"胸有成竹"的意义也不是"肚子里有现成的竹子"。

北宋画家文同，字与可，以画竹远近闻名。其妙诀在哪里呢？原来，文同在自己家的房前屋后种上各种各样的竹子，无论春夏秋冬，阴晴风雨，他经常去观察竹子的

生长变化情况，琢磨竹枝的长短粗细，叶子的形态、颜色，每当有新的感受就回到书房，铺纸研墨，把心中的印象画在纸上。日积月累，竹子在不同季节、不同天气、不同时辰的形象特点都深深地印在他的心中，只要凝神提笔，在画纸前一站，各种形态的竹子立刻浮现在眼前。所以他画出的竹子，无不逼真传神。当人们赞扬他的画时，他总是谦虚地说："我只是把心中琢磨成熟的竹子画下来罢了。"诗人晁补之对文同的画很有研究，他写过一首诗赞扬文同，其中有两句："与可画竹，胸中有成竹。"

"胸有成竹"，比喻做事之前已做好充分准备，对事情的成功已有了十分的把握；又比喻遇事不慌，十分沉着。但是在实际运用中，就真的出现过某翻译人员把它翻译成"肚子里有一根竹子"的笑话。

可见，成语的意义一般具有双层性，

表面意义的作用仅仅是以其形象性来体现成语的实际含义。成语的这个特点是一般固定短语所不具备的。

成语大多言近旨远，或蕴涵深刻的哲理，或表达一种深刻的思想。例如"滴水穿石、唇亡齿寒、流水不腐、户枢不蠹、物极必反、相反相成、欲速则不达"等。使用成语有助于表达透辟精当，含蓄而深刻，加强语言的表现力。

掌握成语的上述特点，有助于我们更好地理解成语，恰当地使用成语。

二、成语的来源

　　成语是我国古代文化的瑰宝,它虽短小精悍,但含义深刻,是现代汉语词汇的精华。几乎每个成语都有一定的渊源,也有一些演变情况。很多成语如果不知道它的来源,不了解它的演变情况,就难以理解,也难以正确运用。那么,了解成语的来源就更为必要了。成语主要有以下几个来源:

（一）神话寓言

神话寓言故事，是成语的来源之一，但是为数并不多。这类成语，大多是由其故事情节提炼和概括出来的，语言简明有力，往往富有幽默感，蕴涵着深刻的教育意义。现举几个例子并加以说明。

1. 精卫填海

出自《山海经·北山经》："炎帝之少女名曰女娃。女娃游于东海，溺而不返，故为精卫，常衔西山之木石，以堙于东海。"

炎帝有个小女儿，名叫女娃。有一次，女娃去东海游泳，溺水身亡，后化为精卫鸟。经常口衔西山上的树枝和石块，用来填塞东海。世人常因炎帝小女儿被东海波涛吞噬化成精卫鸟而叹息，更为精卫鸟衔运西山木石以填东海的顽强执著精神而抛洒热泪。后世人们也常常以"精卫填海"比喻仁人志士所从事的艰巨卓越的事业，也比喻坚持不懈的人。

2. 叶公好龙

出自汉刘向《新序·杂事五》："叶公子高好龙，钩以写龙，凿以写龙，屋室雕文以写龙。于是天龙闻而下之，窥头于牖，施尾于堂。叶公见之，弃而还走，失其魂魄，五色无主。是叶公非好龙也，好夫似龙而非龙者也。"

叶公爱龙成癖，天上的真龙知道后，便从天上下降到叶公家里。叶公一看是真龙，吓得转身就跑，魂飞魄散，一脸惊惶。由此看来，叶公并不是真的喜欢龙，他喜欢的只不过是那些像龙却不是龙的东西罢了。后世将这个故事概括为四字成语"叶公好龙"，比喻表面上爱好某事物，实际上并不真爱好。

3. 邯郸学步

出自《庄子·秋水》："且子独不闻夫寿陵余子之学行于邯郸与？未得国能，又失其故行矣，直匍匐而归耳。"

燕国寿陵有一个青年，到赵国的国都邯郸去学习走路（赵国人善于走路）。他没有把本领学到手，反而把自己原来走路的步法丢掉了，只好用两只手爬着回家。后来人们把"邯郸学步"用为成语，比喻模仿别人不到家，反而连自己原有的本领也丢掉了。

4. 掩耳盗铃

出自《吕氏春秋·自知》："范氏之亡也，百姓有得钟者。欲负而走，则钟大不可负；以椎毁之，钟况然有音。恐人闻之而夺己也，遽掩其耳。恶人闻之，可也；恶己自闻之，悖矣。"

晋国的大夫范氏灭亡的时候，有个人趁机跑到范家想偷点东西，发现院中有一只钟，便想要把它背走。只是钟太大，没法背。于是就用锤去把它打碎，这样钟又轰轰地响起来，那个人怕别人听到响声来抢这只钟，赶忙把自己的耳朵堵起来，以为自己听不见，别人也就听不

见了。《淮南子·说山训》也有这个故事。成语"掩耳盗铃"就是这样来的，只是把"钟"改为"铃"了。这个成语比喻骗人的人所用的办法非常笨拙，他自己却以为能骗得了人。成语里边还有一个"掩目捕雀"，出于《三国志·陈琳传》，跟"掩耳盗铃"的意思差不多，但是使用的人比较少。

（二）历史故事

成语中有很大一部分是从历史故事中提取出米的。其中有的是把某一历史事件概括为成语；有的是截取或改易历史里的著名文句为成语。这里先举几个由历史故事而来的成语：

1. 闻鸡起舞

出自《晋书·祖逖传》："中夜闻荒鸡鸣，蹴琨觉，曰：'此非恶声也。'因起舞。"

晋代祖逖和幼时的好友刘琨一起担任司州主簿。祖逖与刘琨感情深厚，不仅常常同床而卧，而且还有着共同的远大理想：建功立业，复兴晋国，成为国家的栋梁之才。一次，半夜里祖逖在睡梦中听到公鸡的鸣叫声，他一脚把刘琨踢醒，对他说："别人都认为半夜听见鸡叫不吉利，我偏不这样想，咱们干脆以后听见鸡叫就起床练剑如何？"刘琨欣然同意。于是他们每天鸡叫后就起床练剑，从不间断。功夫不负有心人，经过长期的刻苦学习和训练，他们终于成为能文能武的全才，既能写得一手好文章，又能带兵打胜仗。祖逖被封为镇西将军，实现了他报效国家的愿望；刘琨做了征北中郎将，兼管并、冀、幽三州的军事，也充分发挥了他的文才武略。

后人便取"闻鸡起舞"为成语，形容发奋有为，也比喻有志之士及时振作。

2. 夜郎自大

出自《史记·西南夷列传》："滇王与汉使者言曰：'汉孰与我大？'及夜郎侯亦然。以道不通，故各以为一州主，不知汉广大。"

汉朝的时候，在西南方有个名叫夜郎的小国家，它虽然是一个独立的国家，可是国土很小，百姓也少，物产更是少得可怜。但是由于邻近地区以夜郎这个国家最大，从没离开过国家的夜郎国国王就以为自己统治的国家是全天下最大的国家。有一次，汉朝派使者来到夜郎，途中先经过夜郎的邻国滇国，滇王问使者："汉朝和我的国家比起来哪个大？"使者一听吓了一跳，他没想到这个小国家，竟然无知的自以为能与汉朝相比。后来使者到了夜郎国，骄傲又无知的国王因为不知道自己统治的国家只和汉朝的一个县差不多大，竟然不知天高地厚地问使者："汉朝和我的国家哪个大？"

人们便用"夜郎自大"来比喻孤陋寡闻而又妄自尊大。

3. 草木皆兵

出自《晋书·苻坚载记》："坚与苻融登城而望王师，见部阵齐整，将士精锐；又北望八公山上草森皆类人形，顾谓融曰：'此亦劲敌也，何谓少乎？'忧然有惧色。"

东晋时候，强秦一直想吞并晋王朝，秦王苻坚亲自率领八十万大军，去攻打晋国。晋国派大将谢石、谢玄领八万兵马迎战。苻坚当然很傲慢，根本没把力量悬殊的晋军看在眼里。

可是，谁料到先头部队的前锋同晋军首战便被打败，苻坚慌了手脚。他和弟弟苻融趁夜去前线视察，他看到晋军阵容严整，士气高昂，连晋军驻扎的八公山上的草木，也影影绰绰像是满山遍野的士兵，心中便感到万分恐惧。后来，在淝水决战，秦军被彻底击溃，损失惨重，秦

王苻坚受伤，弟弟苻融阵亡。苻坚仓皇而逃，他听到风声鸟声也以为是敌人追兵到了。

后人根据这段史实，造出了"草木皆兵"这个成语。比喻惊慌失措、猜忌敏感的心态。

4. 尾大不掉

出自《左传·昭公十一年》："末大必折，尾大不掉，君所知也。"

春秋鲁昭公十一年春天，楚灵王在申地设埋伏诱捕了蔡侯，夏天就把他杀害了。接着派公子弃疾率兵包围了蔡国，到了冬天就把蔡国灭掉了。然后楚王在蔡地筑城，让公子弃疾去做蔡公。楚王就这件事向大夫申无宇征求意见，申无宇首先说作为父亲和国君，这样的选择

应该是合适的，接着又委婉地说："臣听说有五种大人物不在边境，五种小人物不在朝廷。亲近的人不在外边，疏远的人不在里边。现在弃疾在外边，郑丹反而在里边，君王应加以戒备才是。"楚王认为国都有高大的城墙，不会出事。申无宇见楚王还不明白，就又列举了郑、宋、齐、卫曾发生动乱的例子，最后语重心长地提醒楚王："末大必折，尾大不掉。"意思是：树梢过大，树一定会折断；尾巴过大，就摇动不起来。

后取"尾大不掉"为成语，旧时比喻部下的势力很大，无法指挥调度。现比喻机构庞大，指挥不灵。

（三）文人作品

成语中绝大多数来自于古代的文人作品。有些成语是直接使用古人的原句，有的则是截用或者把古人的语句略加改

变，然后使用的。截用或改变的原因，主要是为了使其符合成语的结构形式。例如：

1.醉翁之意不在酒

见宋朝文学家欧阳修《醉翁亭记》："醉翁之意不在酒，在乎山水之间也。"意思是：醉翁的心思并不在饮酒上，而在于赏玩这里的山水。后代把"醉翁之意不在酒"用为成语，表示"别有用心""另有目的"的意思。

2.满城风雨

见宋朝潘大林《题壁》诗："满城风雨近重阳。" 宋朝谢无逸曾问潘大林近来有没有作诗。潘大林给他回信说：秋天以来的景物，样样都是好诗句。昨天清闲地躺着，听到树林子里响起风雨声，我高兴地起来，在墙上写到："满城风雨近重阳。"忽然催我缴纳租赋的人来了，于是大为败兴，只有这一句寄给你。后来"满城风雨"这四个字就成了广泛使用的成

语，比喻对新发生的某一件事，许多人都在议论。

3.舍生取义

见《孟子·告子》上篇："生，亦我所欲也；义，亦我所欲也。二者不可得兼，舍生而取义者也。"后人从这两句话中取出"舍生取义"这四个字作为成语，表示为了维护正义不惜牺牲生命的崇高品质。

4.一曝十寒

见《孟子·告子》上篇："虽有天下易生之物也，一日曝之，十日寒之，未有能生者也。"意思是：虽然有天下容易生长的东西，但是晒它一天，冷它十天，也没有能生长成的。后人从这几句话里摘出"一曝十寒"四个字用为成语，比喻一个人没有恒心，努力的时间少，荒废的时间多。

（四）外来文化

中国是一个多民族融合的国家，也是一个不断与外来文化交流的国家。所以，有许多成语留有外来文化的痕迹。比如：

自佛教盛行以来，我国翻译了不少佛经。佛经里边的一些语句和典故，渐渐就成了我国的成语。"当头棒喝"就是一个例子。禅宗和尚在接待初学弟子时，常不问情由，即给以一棒，或大喝一声，要他不假思索，立即回答问题，以考验他对佛理领会的程度。后用来比喻严厉警告，促使人猛醒过来。此类成语还有"一尘不染、现身说法、昙花一现、不可思议、天花乱坠、回头是岸"等。

道教的流行，使道家文化渐渐融入到人民的生活

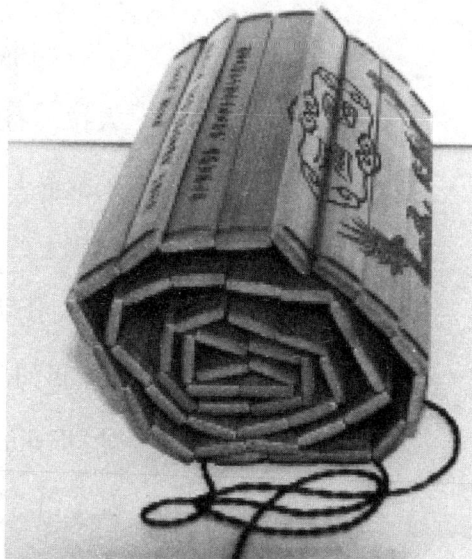

中，"一人得道，鸡犬升天"就出自于道家故事：汉朝淮南王刘安炼丹修道。后来丹炼好了，一家人吃了丹药，全都升天成仙。残留的丹药撒落在庭院里，鸡和狗吃了，也都升了天。后比喻一个人做了官，和他有关的人也跟着得势。同类型的成语还有"点铁成金、回光返照、灵丹妙药、脱胎换骨"等等。

明清以来，我国跟西方各国的文化交流逐渐频繁，西方的典故、格言以及文学著作的汉文译本中的精练语句，有的也演变成了我国使用的成语。例如"火中取栗"这个成语就是出自17世纪法国寓言诗人拉·封丹的寓言《猴子与猫》，说猴子骗猫取火中栗子，栗子让猴子吃了，猫却把脚上的毛烧掉了。后传到我国演变为成语，比喻受人利用，冒险出力却一无所得。再如"时者金也、以眼还眼、以牙还牙、旧瓶装新酒、物竞天择"等等都是此类成语。

（五）口头俗语

谈到成语的来源，人们总会先想到前面提到的那些所谓有出处的成语。其实在成语里边也有很多是已经找不到原始出处的成语，这类成语是在口语中广泛流传之后见之于书面的，一般都比较通俗、生动。其中有一些是来自古代的俚语和谚语，也有一些是具有浓厚生活气息的口头俗语演化而成的。

例如"一干二净、三长两短、千方百计、指手画脚"等，都是来自后世口语。"投鼠忌器、狼子野心、敝帚千金、亡羊补牢、千夫所指"等，都是来自古代俚语。

"投鼠忌器"源自《汉书·贾谊传》："里谚曰：'欲投

鼠而忌器'，此善谕也。"意思是：想用东西打老鼠，又怕打坏了近旁的器物。多用来比喻做事有所顾虑，不敢放手去做。出自《战国策·楚策四》："见兔而顾犬，未为晚也；亡羊而补牢，未为迟也。"意思是：看到兔子才想起猎犬还不算晚；羊圈里的羊跑掉了，赶快把圈修补起来，也还不算晚。比喻出了问题以后想办法补救，可以防止继续受损失。"敝帚千金"出自曹丕《典论·论文》："里语曰：'家有敝帚，享之千金。'"意思是：俗语说，家里有一把破扫帚，自己以为宝贵得可以同千金相比。比喻东西虽不好，由于是自己的，却看得很宝贵。《史记·白起王翦列传》："鄙语云，尺有所短，寸有所长。"所谓鄙语、里语或谚语、俗谚，就是民间的谚语或俗语的意思。

这类成语，因为修辞手法和表达效

果都比较好，所以历来就被人们广泛使用。

（六）新生成语

我们现在使用的成语，大都是两三千年以来流传下来的或陆续产生的。随着社会的发展演进，根据社会生活的实际需要，成语也不断产生、演变。从名家的作品、群众的口语中，不断涌现出一些新的成语。例如："一分为二、力争上游、推陈出新、争分夺秒、厚今薄古、自力更生、百花齐放、占为今用、化废为宝。"

这类新成语，具有鲜明的时代精神。所以产生以后，不胫而走，为广大人民群众所喜用。

以上列举的六项，是成语的主要来源，也是成语较大的类别。

三、成语的构造

　　成语是一种定型的固定词组，绝大多数由四个字组成。有一些成语，如"盲人瞎马、一刻千金、循循善诱"等，它们的早期形式是"盲人骑瞎马、一刻值千金、循循然善诱人"。原来是五个字或六个字，四个字的形式是后来出现的。它们不向七个字、八个字发展，而向四个字发展，这足以说明四字格是汉语成语的基本形式。

　　为什么汉语成语大部分是四字格呢？这与汉语本身句法结构和古汉语以单音词为主有关系，而且成语既要能表达深刻复杂的思想，又要极其概括精练，过长过短都不行，四个字最为合适。具体可分为以下两点来解释。

　　一是这和汉语的特点有关，汉民族讲话，在音节上大都是成双成对的。汉语讲究音律和谐，四个字的结构在诵读时恰好能组成抑扬顿挫的声调，富于音乐美，这有助于增强语言的表达效果。我国文学史上最早的一部诗歌总集《诗经》中305篇基本上都是四字一句，这种四字句，结构短小精悍，活泼明快，读起来抑扬顿挫，在后来相当长的一个历史阶段中，极大地影响着后世的诗人、作家及其作品，也影响着人民群众的语言。成语基本上源于古书和口语，因此成语以四字为多。

　　汉语讲究四声。四声是利用音高音

长变化的差异构成的。一般地说，仄声
较短促，平声较柔长。平仄声调的重叠相
间，能显示声调的各种变化，抑扬顿挫，
节奏性强，极富音乐美。而四字格的结构
恰是适应这种声调变化的最简洁、最凝
练的形式，试看以下成语声调变化的方
式：

平平仄仄式：天翻地覆、明争暗斗、
风吹草动；

仄仄平平式：饮水思源、水到渠成、
柳暗花明；

平仄平仄式：惟妙惟肖、肝胆相照、
发号施令；

平仄仄平式：身体
力行、人面兽心、明辨
是非；

仄平平仄式：海枯
石烂、落花流水、虎头
蛇尾；

仄平仄平式：趾高

气扬、倒行逆施、丧权辱国。

这种平仄的配合十分协调，读来跌宕起伏，能构成和谐的声调美，是汉语特有的修辞手段。

二是成语的特殊使命方面的原因。成语一方面要表达比其他词汇更加丰富、复杂的内容，一方面又要像其他词汇那样简明而概括。这样，过长过短都不行。过长了，显得累赘，不符合精练的要求；过短了，又不易清楚地表达复杂、深刻的思想和认识。而四个字不多不少，最为合适。因为四个意义单位可以组合成任何一种结构关系，这些结构关系足以表达任何一种复杂的认识和思想。比如仅用"围魏救赵"四个字就描述了战国时一个有声有色的战役，并归纳出了这场战役所使用的歼敌有效的战术。这是形式极其精练，内容高度概括的典范。

四字格的结构，能构成各种复杂的语法关系，这对表达各种复杂的思想和认识来说，是必不可少的条件。可见，成语以四个字作为自己的基本结构形式，绝非偶然。

关于四字成语内部的结构，大体上可分为单一结构和复合结构。单一结构的成语内部的语素凝固成一体，共同表达一个固定的意思，不能分作两部分来分析其结构，如"乱七八糟、胡说八道、忸忸怩怩、慢条斯理"等。这种单一结构的成语为数不多。复合结构是指两个或两个以上的部分组成的结构。其结构关系主要有以下几种形式：

并列结构：青红皂白、风花雪月、千

言万语、龙飞凤舞；

偏正结构：一丘之貉、匹夫之勇、侃侃而谈、摇摇欲坠；

主谓结构：万马奔腾、愚公移山、毛遂自荐、蜀犬吠日；

动宾结构：饱经风霜、顾全大局、隔岸观火、包罗万象；

中补结构：颠扑不破、体贴入微、重于泰山、感激涕零；

连谓结构：画蛇添足、见风使舵、过河拆桥、削足适履；

兼语结构：引狼入室、令人生畏、指鹿为马、请君入瓮。

前面曾提到成语在其结构上是具

有凝固性的。它的结构和组成部分不能随意更改或变动。有的成语里有一组近义词或反义词。例如，"三言两语"中的"言"和"语"是意思相近的词；"大同小异"中的"大"和"小"、"同"和"异"都是反义词，这些都不能随便更换。再如，"奇装异服"中"奇"和"异"同义，"装"和"服"同义，有人将"奇装异服"写成"奇装衣服"，表面看只是写了个错别字，其实反映了没弄清成语的结构。例如，"两虎相斗"不能说成"三虎相斗"，"南腔北调"不能说成"东腔西调"，"盲人瞎马"不能说成"盲人瞎驴"。因此我们在使用成语的时候，应该格外注意，要恰当运用。

四、成语在日常生活中的使用

（一）成语的变迁

　　随着社会的不断发展与进步，随着人们实践领域的不断扩展，语言也在不断地发展变化。作为语言的一种建筑材料——成语，也必然是在继承中不断变化发展的。有的成语，它们的意义和形式至今是没有变化的。例如"见异思迁、响遏行云、所向无敌"等等；有的成语则发生了或大或小的变化。成语的变迁主要概括为以下几个方面：

1.成语词义的扩大，即成语所概括的对象范围的扩大。如"照本宣科"，原来是指道士照样子念经，旧时道士诵经谓之宣科。现在使用这个成语时，已经不限这个特定的含义了，而是指讲课、发言只是拘守课文、讲稿死板地照念，不能结合实际，缺乏创造发挥的精神，含义扩大了。又如"万紫千红"这个成语，本来指百花齐放、春色艳丽，现在用以比喻事物丰富多彩。意义扩大的成语还有"爱屋及乌、阳春白雪、师出有名、五谷不分"等。

2.成语词义的缩小，即成语所概括的对象范围的缩小。此类成语较少。例如"臭味相投"即气味相投，指思想情趣相同的人彼此合得来。而现在只指有坏思想、坏作风的人在志趣、习惯等各方面都相同，彼此合得来，比原来的意义缩小了。又如"自怨自艾"，原来是说悔恨自

己的错误，自己改正；现在只指悔恨自己的错误，不包括改正的意思了。

3.成语词义的转移。例如.："各抱地势，钩心斗角。"原来形容宫室建筑的结构错综精密；现在比喻各用心机，明争暗斗。"肝脑涂地"出自《史记·刘敬叔孙通列传》："与项羽战荥阳……使天下之民肝脑涂地。"原来形容惨死；后来表示竭尽忠诚，不惜牺牲。此类成语还有"闭门造车、一丘之貉、死心塌地、标新立异"等。

4.感情色彩的转移。例如"心腹爪牙"出自《魏书》："尚自少侍从，尽诚竭节，虽云异姓，其犹骨肉，是以入为腹心，出当爪牙。"古义表示得力的帮手和武士，含褒义；而现在指亲信羽翼，含贬义。再如"断章取义"出自《左传·襄公二十八年》："赋诗断章，余取所求焉。"原指不管原诗的意思，借用诗句来表达自己的意思，为中性；后来比喻征引别人的文章、言论时，只取与自己意见相合的部分，含贬义。此类成语还有"明哲保身、按部就班、明目张胆、水落石出"等。

5.有的成语的意义虽然没有变化，但是字面结构却变了，也有的成语意义和字面结构都发生了变化。例如"揠苗助长"，现在多用"拔苗助长"，意义都是比喻违反事物发展的客观规律，急于求成，反而坏事。"每况愈下"原为"每下愈况"，原来的意思是说，越从低微的事物上推求，就越能看"出道"的真实情况。后来变为"每

况愈下"意思也随之逐渐转变为表示情况越来越糟糕。此类成语还有"一发千钧、捕风捉影、厉兵秣马、刻骨铭心"等等。

掌握了成语的这些发展演变，既能使我们全面地、深刻地理解一个成语，又能帮助我们正确地运用成语。

(二) 成语的活用与滥用

成语言简意赅，具有很好的表现力，是取之不尽、用之不竭的语言财富。如果使用得当，能够增强语言的表达效果，使我们的讲话和文章精练有力、形象生动。否则，就会收到相反的效果。我们先看下面这个例子。

刚上二年级的小明在爸爸出差的时候给爸爸写了一封信，信的内容如下：

我最亲密无间的爸爸：

你好!

最近身体是否健壮如牛,工作是否蒸蒸日上?我现在正在奋不顾身地学习,前天,老师表扬了我的丰功伟绩,我听了沾沾自喜。您批评我爱滥用成语,我以后一定前功尽弃,卷土重来。祝爸爸万古长存!

您独一无二的儿子 小明

这个例子犯了滥用成语的毛病,让人啼笑皆非。由此可见,能否恰当地运用成语,举足轻重。

所以运用成语时,应该注意以下几点:

1.弄清成语的实际意义,不能"不求甚解"。如果对某一个成语的意思还没有理解透彻,或者对成语中某个字的音义还说不准确,就随便拿来使用,那就难免用得不恰当,甚至闹出笑话。

　　成语的来源不一，结构紧凑。有的成语从字面上就可以看出它的意思来，如"千言万语、心直口快"等等，都很容易懂，自然不用多说。

　　而像"洛阳纸贵、入木三分、鸡鸣狗盗、胸有成竹"之类的成语，就不能只看字面上的意思了。如"洛阳纸贵"就不能简单地据字面意思理解为洛阳的纸卖得格外贵。这个成语出自《晋书·文苑·左思传》，讲的是晋代文学家左思的故事，左思是一位学识渊博的人，文章也写得非常好。他以三国时魏、蜀、吴首都的风土、人情、物产为内容，用了整整十年，撰写了文学巨著《三都赋》。《三都赋》受到大家的好评，人们认为它可以和汉代文学杰作《两都赋》相媲美。由于当时还没有发明印刷术，喜爱《三都赋》的人只能争相抄阅，因为抄写的人太多，京城洛阳的纸张供不应求，一时间全城纸价大幅度上升。后世便取"洛阳纸贵"为

成语，称颂杰出的作品风行一时，流传甚广。

至于像"一发千钧、啼饥号寒、不速之客"等就要先将成语里面的个别生字如"钧、啼、号、速"的意思弄懂后，才能理解整个成语的意思。如"钧"是我国古时的重量单位，一钧大约等于三十斤。所以"一发千钧"意思是一根头发负担着千钧的重量，形容情势非常危险。知道了"啼"是哭，"号"是叫喊的意思，就不难明白"啼饥号寒"的意思是饿得哭泣，冻得叫喊，是形容挨饿受冻的悲惨景象。

"不速之客"中的"速"当"邀请"讲，意思是没有邀请就突然来到的客人。

有些成语则要弄清它的出处，才能理解。如"瓜田李下"这个成语，先要知道古乐府诗《君子行》里有"瓜田不纳履，李下不正冠"两句话。这是告诉人们处在嫌疑的地位要注意。在古书里，也把这个意思写作"瓜李之嫌"（见《唐书·柳公权传》）。无论是"瓜田李下"还是"瓜李之嫌"，如果不知道它的出处，只从字面上作解释，那就很难懂得它的意思。又如"管窥蠡测"这个成语，如果仅仅知道管是"竹管"，窥是"从孔隙里看"，蠡是"瓠瓢"，测是"测量"，也不容易懂得整个成语的意思。如果知道这四个字是从"以管窥天，以蠡测海"八个字里截取下来的，那就不难知道这个成语比喻的是：所见甚小，看不到事物的全貌。

对于那些由历史故事演变而来的成语，如"卧薪尝胆；四面楚歌；项庄舞剑，意在沛公"之类，从寓言传说演变而来的成语如"叶公好龙、亡羊补牢"之类，就

要知道整个故事情节，这有助于更深入准确地理解它们的含义。

有些成语，懂得了字面的意思，还要特别注意它的习惯上的用法。例如"一个巴掌拍不响"和"孤掌难鸣"这两个成语，只从字面上看，好像一个是白话，一个是文言，意思没有什么两样。可是仔细想想，"一个巴掌拍不响"，是说事情的发生不是由于单方面引起来的，使用这个成语，有各打五十板的意味。"孤掌难鸣"是说只有一个人的力量很难成事。对如此处境的人，有同情的意味。两个成语的意思实无共同之处。所谓彻底理解，即连这些地方都要加以辨析，彻底弄清楚。

2.注意成语的

使用场合，应当力求用得恰当。郭沫若曾经举过一个例子，现在不妨引在这里。

"现在有些文章有个毛病，就是爱堆砌形容词……如'六万万人正以排山倒海、乘风破浪之势……'这样的句子就有点不恰当。把山移开、海翻过来，那是多么大的形势，同乘风破浪不能相比。所以既然已有'排山倒海'，就不应再用'乘风破浪'了。"

这个错误，就是由于不顾场合，硬把"乘风破浪"这个成语塞进句子里造成的。

对于在某一场合看起来好像都可以使用的几个成语，更要仔细地辨别它们的不同之处，体味文章所需要表达的意思是什么，选用哪个最恰当。例如"千头

万绪"和"千变万化"这两个成语,有时候在一个句子里好像都可以用,可是如果说"这本小说的情节真是千头万绪,我越看越觉得有意思",那就不如不用"千头万绪",而用"千变万化"了。

3.分清成语里面的感情色彩,有的除了表示本身的意义之外,还表示人们的喜爱或者憎恶的感情。表示喜爱的,通常说它含有褒义;表示憎恶的,通常说它含有贬义。这两类成语千万不可误用。如"深思熟虑"与"处心积虑","再接再厉"与"变本加厉","自食其力"与"自食其果","侃侃而谈"与"夸夸其谈"等,前者有褒义,后者有贬义,使用时要仔细辨别它们之间的差异。

例如,我们不能说"敌军的先头部队,勇往直前地冲上来",因为"勇往直前"是形容勇敢地向前进,含有褒义。而这里说的是敌人的情形,所以应当用含有贬义的词语,把"勇往直前"改为"不顾死活"，那就比较合适些。

又如"无微不至"跟"无所不至"两个成语的意思有些相近，但是"无微不至"多指关怀，含有褒义；"无所不至"多为斥责，含有贬义。

再如成语"擢发难数"，就是含有贬义的。一般是指某人所犯的罪恶之多，不能单纯地把它当做"不胜枚举"之类的意思来讲。比如"今年市场繁荣，百货品种多得真是擢发难数"，把"擢发难数"

用在这里，就觉得可笑，把它改为"不胜枚举"就行了。

4.要注意成语的规范化，成语一般必须沿用原型，不能随意变换和增减其中的成分。如将"螳臂当车"改为"螳螂挡车"是不妥的。不过有少数成语，很早就有两三种不同的说法。如"一发千钧"也作"千钧一发"，"含沙射影"也作"含沙射人"，"鹬蚌相持，渔人得利"，"持"也作"争"，"人"也作"翁"，等等。这是多年来形成的差异，我们只能根据"约定俗成"的原则，承认几种说法都可以。又

如"捕风捉影"这个成语，原是"系风捕影"，见《汉书·郊祀志》。成语"每况愈下"，原作"每下愈况"，见《庄子·知北游》。可是由于误用已久，现在我们也不必恢复它的原来面目。

当然，在特定的语言环境中，为了增强语势、加强表达效果，成语也是可以灵活运用的，例如："天下太平"可活用为"天下何曾太平"，"光明磊落"可活用为"既光明又磊落"，"理直气壮"可活用为"理直而后气壮"。

我们使用成语，主要是为了取得修辞的效果，对某一成语确有改变的必要时，也应该注意成语的规范化，就是说要尽量地照原来的文字使用，保持文字的纯洁和健康。

5.成语有其确定的字形和读音，须分辨清楚，不能写错或读错。有人把"病入膏肓"写成"病入膏盲"；把"变本加厉"写成"变本加利"；把"奋不顾身"写成"愤不顾生"；把"焕然一新"写成"换然一新"；把"好逸恶劳"的"恶（wù）"
读为è ；把"面面相觑"的"觑（qù）"读
为xū ，都是错误的。

成语有一定的固定性。可是，我们不
能就认为它是一成不变的。在实际运用
方面，它有极大的灵活性。成语活用的手
法有很多，常见的有以下几种：

1.换序法。即调换成语语素的位置。
如："下午两点多钟，两人回来，头垂气
丧，精疲力竭。"（钱钟书《围城》）

此例句中作者为了与后面的"精疲
力竭"保持结构上的对称性，而将成语
"垂头丧气"改变语序。又如《红楼梦》
第八十六回的回目是："人亡物在公子填
词，蛇影杯弓颦卿绝粒。" 成语原为"杯
弓蛇影"，出于《晋书·乐广传》。《红楼
梦》的回目把"杯弓蛇影"改为"蛇影杯
弓"，这是为了使回目的平仄协调。而有
的成语在变换语序后意义会发生变化，如
"班门弄斧"比喻在行家面前卖弄本领，

含有自不量力的贬义。将它变换语序为"弄斧班门"，其语意则变为主动向名家挑战，表现了锐意进取的可贵精神。

2.改字法。改变成语中的一两个字，以表达新的意思，并与语境意义取得一致。如："广开才路，不拘一格选人才"和"是就是是，非就是非，表里不二"。"广开才路""表里不二"分别是对成语"广开言路""表里不一"的换字。

3.曲解法。置某一成语的实际含义于不顾，却故意"望文生义"，即用其字面意思，歪曲理解，以收到幽默诙谐的表达效果。如："他得穿那刷刷作响的竹布衫。乍一穿起这有声有色的竹布衫，连家犬带野狗都一致汪汪地向他抗议。"（老舍《正红旗下》）其中的"有声有色"的实际含义是形容说话或表演精彩生动，这里用其字面义，表示既有声音又有颜色。再如："爱作弄人的小恶魔一般在室内飞舞的花絮，'无孔不入'地向着她们的五官钻进……"（夏衍《包身工》）其中的"无孔不入"常用来比喻利用一切机会干坏事，这里也是用其字面意义，突出了飞絮无处不在的特点。

4.扩展法。即在成语中间嵌入别的语素。如"事因难能，所以可贵"中"事因""所以"插入成语"难能可贵"中，使成语变为复句，增强气势。其他的如"理直而后气壮""混水焉能摸鱼"等等都是这种用法。

5.节缩法。为了表达的需要，在使用时对成语进行简化，以达到精练含蓄的目的，常见的是把四字成语节缩为两字。如"人民英雄就揭竿而起，把反对强权，救民于水火之中作为自己的理想"中的"水火"是"水深火热"的节缩。再如"几个朋友代为设法，主张暂集千元的钱，以救'眉急'"中的"眉急"是"燃眉之急"的节缩。其他常见的可节缩的成语还有"滥竽""冠冕""蛇足""卧薪"等。

6.拆分法。就是将成语拆成两个或两个以上的部分使用。如"我们两个人的'开源'的途径不广,只得极力'节流'"中把成语"开源节流"拆开来用,逐一突出,以示强调。

7.双关法。既利用成语的引申义,又利用成语的比喻义。如:"以工代赈的项目是疏浚苏州城里的小河浜,这个工作很辛苦,但也很有意义。旧社会给我们留下了许多污泥浊水,我们要把浊水变清流,使这个东方的威尼斯变得名副其实……"这里的"污泥浊水"一语双关,既指河浜中的污泥、浊水,又比喻旧社会遗留下来的一切落后、腐朽、反动的东西。

8.翻新法。抽去成语的一部分原意,依照具体语境,赋予成语新的意义。如:"'对牛弹琴'这句话,含有讥笑对象的意思。如果我们除去这个意思,放进尊重对方的意思,那就只剩下讥笑弹琴者这个意思了。为什么不看对象乱弹一顿呢?"作者抽去"讥笑对象"之意,赋予"讥笑弹琴者"这一新意,被讥笑者由听琴者变为弹琴者,深刻而又风趣地阐明了弹琴要看听众,写文章要看读者的道理。

　成语的活用都是因旧出新,以进一步增强成语的表现力,让人感到新鲜精辟、意味深远,但必须用得恰到好处,因为成语的活用是为了表达的需要在一定条件下进行的,不能一味盲目地追求形式的变化而滥用。

五、成语与中国文化

　　成语是汉语言文化的精华，其中蕴涵一个民族的智慧结晶和经验积累，蕴藏着中华民族丰富的文化内涵。而一个民族的文化深度和厚度，在语少意深的成语中展现得最为淋漓尽致，寥寥数语，包含丰富深刻的意象，常能适切而且精确地传达我们的感受，它们的价值历久弥新。

　　汉语成语的文化特色主要表现在两

个方面：一是成语的形式，二是成语的内容。从形式上看，以四字格为主的外在形式，以单音词为主的构词成分，追求平仄和谐的音韵搭配，各成分之间讲究对称的内在关系以及大量使用表示虚指的数词等等，这些形式上的特点就像一个个文化的符号，从不同角度和侧面反映了汉民族语言的发展历史，反映了汉民族历史与文化的发展历程。从内容上看，汉语成语作为民族文化的载体，准确而全面地表现了汉民族文化的基本内容，反映了汉民族独特的思维方式、审美情趣和价值体系。

通过汉语成语，我们可以了解到中华民族传统文化的各个方面：从天文历法、山川地理、宗教历史到文学艺术、宫室建筑、饮食起居；从政治军事、道德伦理、思想观念到典章制度、礼俗礼仪、服饰乐律等。可以这样说，汉语成语就是一个向我们展示传统文化精华的平台。

（一）成语与文学艺术

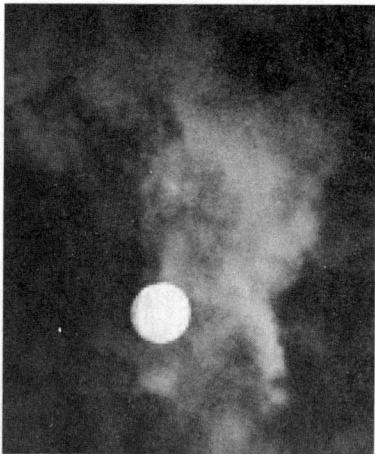

文学、绘画、舞蹈、戏曲、书法、音乐等都是汉民族精神文化中不可缺少的组成部分。中华民族作为一个历史悠久的民族，必然产生了丰富多彩的文学艺术，文学与艺术内容也必然反映到语言的活化石——成语当中去，尽管有些成语的语义到今天已经发生了很大的变化，但探其来源，不少是与文学艺术有直接关系的。

例如，"一字一珠"原形容歌声婉转圆润，现也比喻文章优美，辞藻华丽；"尺幅千里"其原意是专指绘画时用咫尺的篇幅画出辽阔千里的景象，现形容图画或诗文篇幅短小，但内容却极其丰富，意境非常深远；"烘云托月"原指作画时通过渲染云彩来衬托月亮的一种技法，现比喻艺术或文学作品中从侧面加以点染或描写，从而突出主体或主题的一种表

现手法；"按部就班"原指写文章时结构安排得当，选词造句合乎规范，现多指做事按照一定的步骤、顺序进行，也指按老规矩办事，缺乏创新精神；"粉墨登场"原指传统戏曲中演员施粉用墨，妆化好后登台表演，现在用来比喻登上政治舞台，含讥讽意。

又有不少成语是体现书法艺术的，如"铁画银钩、龙飞凤舞、入木三分、柳骨颜筋、信笔涂鸦、剑拔弩张"等。"剑拔弩张"原形容书法笔力遒劲，后多形容气势逼人或形势紧张。

从成语中也不难体会中国古代丰富多彩的音乐文化。例如，从"丝竹管弦、钟鼓齐鸣"等成语中，可以了解到我国古代乐器制作材料以及不同种类；从"黄钟大吕、引商刻羽"等成语中，可以了解我国古代特有的十二音律和由此形成的宫调理论；从"阳春白雪、下里巴人"等成语中，可以了解我国古曲的曲目；"大音希声、弦外之音"等成语反映了古人对音乐境界的审美追求与独特感受;"琴瑟相调、琴心剑胆"等成语则反映了我国古人因音乐而产生的情感价值观。黄钟是我国古代的打击乐器,多为庙堂所用,"瓦釜"是用黏土烧制的锅,多为民间所用。因此成语"黄钟瓦釜"比喻艺术性较高或较低的文学作品;"黄钟毁弃"比喻贤才不用;"瓦釜雷鸣"比喻庸人占据高位、煊赫一时;"黄钟大吕"形容音乐或文辞庄严、高妙,气势宏大。

(二) 成语与服饰文化

在中国古代社会,服饰作为一种特殊的文化符号,自然有不少体现在成语中,不同地位和身份的人的穿戴是不一样的。如普通劳动妇女要想"凤冠霞帔、珠围翠绕"是不可能的,只能是"荆钗布裙";"顶冠束带、象简乌纱"是朝廷命官

的穿戴；"冬裘夏葛、绫罗绸缎"是有钱人的穿戴；"方巾长袍、峨冠博带"则不可能是普通老百姓的穿戴。"凤冠霞帔"代表了古代贵妇人的高贵美丽，"峨冠博带"显示了古代士大夫的尊贵潇洒，"方巾阔服"表现了古代读书人的儒雅从容，"两袖清风"必是廉洁之官。遇到喜事要"披红挂彩"以示庆贺，遇到丧事则"披麻戴孝"以表哀痛。

在中华民族的历史上，颜色也代表着地位的尊卑。黄色是帝王之色，所以取得地位叫做"黄袍加身"；朱和紫代表封建官僚中的最高层，因此用"被朱佩紫、大红大紫"等表示身居高官，地位显贵；青和绿则是中下层官吏官服的颜色，象征地位低微，所以"白发青衫"代表的是官场失意之人；白是平民百姓的服饰之色，成语"白衣秀士"指尚未做官的读书人。服装的色彩分明反映了我国古代社会的壁垒森严的等级制度。

因为服饰是古人的社会地位、经济实力、志趣节操、思想情感等的外在表现，古代在服饰上有种种严格的规定，所以汉语中与服饰有关的成语数目众多也就不足为怪了。

（三）成语与建筑文化

汉语成语中所反映的中国古代建筑极具民族文化特色，如"雕梁画栋"指有雕刻和彩绘装饰的栋梁，形容建筑物富丽堂皇。"碧瓦朱甍"指绿色的屋瓦，红色的屋脊，形容建筑物的华丽美观，也表现了汉人建筑设计和审美情趣上的总体风格。"高楼大厦"指高大豪华的房屋建筑。"层台累榭"形容房屋建筑高下相间、错落有致。"高亭大榭"专指园林中供休息和观赏四周景物的高大建筑物。"金城汤池"形容坚固的城防。

从"登堂入室"则能看出中国古代

房屋的格局。《论语·先进》篇里孔子说："由也升堂矣，未入于室也。"意思是："子由的学问已经不错了，只是还不够精深罢了。"先入门，再升堂，最后入室，这是古代房屋的格局，这种格局是建立在中国人传统的生活方式、风俗习惯、纲常伦理和道德准则之上的。后来"登堂入室"转义表示做学问的几个阶段，比喻在学问或技艺上有一定的造诣。

"曲径通幽"则说明中国古代的园林大都是封闭式的，即园林的四周都有围墙，景物藏于园内。"曲径通幽"是一个高明的美学标准，它强调幽深曲折以通佳境。例如，苏州园林里，常用假山、小院、漏窗、流水等作为屏障，适当阻隔游客的视线，使人们只是隐约地看到园景的一角，沿着小道，几经曲折，才见到园内山池亭阁的全貌。

和建筑有关的成语还有很多，如"富丽堂皇、古色古香、鳞次栉比、金碧辉

煌、青瓦白墙、亭台楼阁、舞榭歌楼、钩心斗角、祸起萧墙、雕栏玉砌、琼楼玉宇、蓬门荜户"。

(四) 成语中的山水自然

成语还体现了中国自然环境所独有的山川、湖泊、河流、气候等方面的特色。因此，有关山水自然的成语不胜枚举。如"水光接天、郁郁葱葱、湖光山色、春寒料峭、风刀霜剑、扪参历井、寒蝉凄切、天寒地冻、傲雪凌霜、秋高气爽、一叶知秋、柳暗花明"。

其中"水光接天、郁郁葱葱"表达了对美好的山川大地的热情讴歌；"春寒料峭、扪参历井"表达了对险恶的山水自然的由衷敬畏；"一叶知秋、柳暗花明"抒发了来自山水的独特感悟；"傲雪凌霜、傲然屹立"赞扬了源于自然的精神气节。

又如"楚河汉界、安如泰山、泾渭分

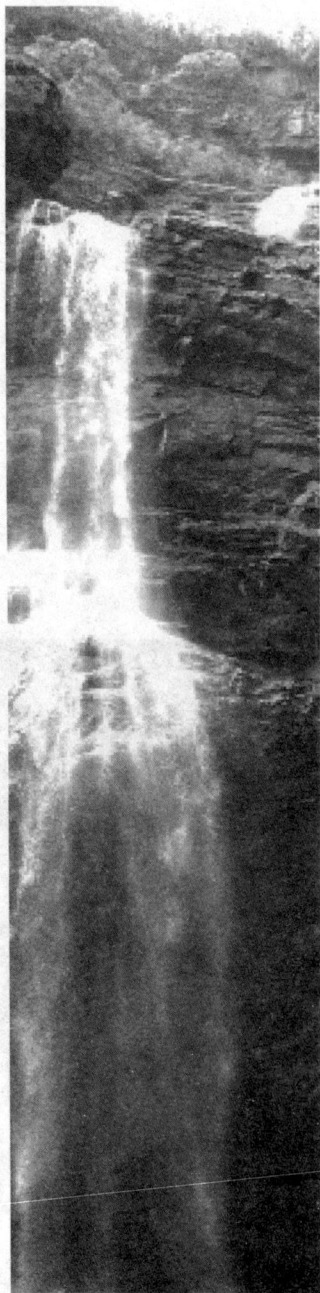

明、乐不思蜀、中流砥柱、逼上梁山、庐山真面目"等成语，如果对地理知识不甚了解的话，自然体会不到这些成语的"言外之意"。

通过这类成语，我们可以感受到古人在探索自然、战胜困难的过程中那细腻的情怀、勇毅的精神、高尚的情操。

（五）成语中的爱情、婚姻

汉语中表现爱情和婚姻的成语有很多，如"一见钟情、情有独钟、浓情蜜意、比翼双飞、白头相守、秦晋之好、媒妁之言、山盟海誓、相濡以沫、相敬如宾、夫唱妇随、伉俪情深、纸短情长、心有灵犀、青梅竹马、月下老人、劳燕分飞、魂牵梦萦、棒打鸳鸯、鸿雁传书"。

在这些成语中，有的描写青年男女热恋时的甜蜜与美好，如"一见钟情、浓情蜜意、山盟海誓"等；有的描写步入婚姻殿堂后夫妻生活的幸福与美满，如"伉俪情深、相敬如宾、夫唱妇随"等；有的描写离别后的思念及痛苦，如"纸短情长、鸿雁传书、魂牵梦萦"等。

"心有灵犀"出自唐李商隐《无题》诗，曰："昨夜星辰昨夜风，画楼西畔桂堂东。身无彩凤双飞翼，心有灵犀一点通。"后来人们取"心有灵犀"比喻恋爱着的男女双方心心相印，现多用它比喻对彼此的心思能心领神会。

"媒妁之言"出自《孟子·滕文公下》："不待父母之命，媒妁之言，钻穴隙相窥，逾墙相从，则父母国人皆贱之。"反映出古代的婚嫁男女双方很少有自主选择的权利，必须由父母做主，媒人牵线，否则视为离经叛道。而媒人在我国出现的时间很早，在两千多年前的周代即已经出现。

"月下老人"的由来，也有一个美丽

的传说。唐代有一位少年叫韦固，一天晚上，他见一位老人背着个锦囊在月下看书，问他是什么书，答是婚姻簿子。又问锦囊中装的是什么，老人微笑着说是红绳子。韦固又问：红绳子何用？老人告诉韦固，这是用来系夫妇之足的，即使是仇敌之家，贫贱之隔，天涯之别，此绳一系则好合美满，终身不违。以后，民间就把"月下老人"当成司婚之神来膜拜。民间有个歇后语叫"月下老人绣鸳鸯——穿针引线"，指的就是月老为媒的意思。当然，月下老人不仅穿针引线做好事，"乱点鸳鸯"的事情也是屡见不鲜的。

（六）成语中的学习精神

学习是一种既古老又永恒的现象。与学习有关的成语自然也不在少数。如

"融会贯通、举一反三"是学习方法的介绍；"不耻下问、尊师重道"是学习态度的告诫；"发愤忘食、凿壁偷光"是学习精神的弘扬；"金榜题名、学而优则仕"则体现了古代书生学习的最终目标；"循循善诱、因材施教"侧重于对学生的谆谆教诲；"诲人不倦、教学相长"侧重于对教师的诚恳慰勉。

其中，"凿壁偷光"是个很有名的典故。西汉东海人匡衡自幼就很喜欢读书，但是白天要给人做雇工，只能利用晚上的时间读书。可是匡衡家里穷得点不起灯，他的邻居是个富裕的人家，到了晚上，邻家灯火通明，匡衡就想出个法子，在贴着邻家的墙上凿穿一个洞，让邻家的灯光照射过来。从此他便每天晚上都捧着书本，在洞前映着光来读书。后人根据匡衡的故事，概括出成语"凿壁偷光"，形容勤奋好学。

"教学相长"出自《礼记·学记》：

"虽有嘉肴，弗食不知其旨也；虽有至道，弗学不知其善也。是故学然后知不足，教然后知困。知不足，然后能自反也；知困，然后能自强也。故曰：教学相长也。"这段话的意思是说，虽然有美味的鱼肉，如果不去品尝就不知道它的味美；虽然有最好的道理，如果不去学习就不知道它的好处。因此，只有先去学习才能知道自己知识的缺乏，只有教了别人之后才能知道自己对知识的理解还不清楚。认识到了自己知识的不足，然后才能反过来要求自己；知道了自己对有些知识还理解不透，然后才能使自己努力。所以说：教和学互相促进，教育别人也能增长自己的学问。

(七) 成语中的"儒""释""道"思想

儒家思想是中国古代的主流意识，

因此汉语中出自儒家经典著作的成语也不在少数。下列这些成语就从不同侧面体现了儒家思想。例如"当仁不让"出自《论语·卫灵公》："子曰：当仁，不让于师。"原指面对实行仁德的事情，可以不必对老师讲谦让。现在指面对合乎道义的事情就积极主动地去做，毫不退让。

"威武不屈"出自《孟子·滕文公下》："富贵不能淫，贫贱不能移，威武不能屈。"孟子的这几句话形容人有骨气，坚贞刚强，是对我们中国人的精神的最好概括。再如"名正言顺、言而有信、能屈能伸、推贤让能、未雨绸缪、礼尚往来、过犹不及、得道多助"等都反映了儒家思想中积极入世的人生态度与价值观念，都带有修身、齐家、治国、平天下的人生目的与奋斗目标，成了我们精神财富的一个重要组成部分。

在佛教文化传入中国之后，有一些成语自佛经中演化而来，是佛教文化的

载体。如佛教把声、色、香、味、触、法称为"六尘"，故"一尘不染"原指修道者身心纯洁，不为六尘所染。后比喻品德高尚丝毫没有沾染坏的习气，也形容环境非常清洁。"聚沙成塔"语出《妙法莲华经·方便品》："乃至童子戏，聚沙成佛塔。"细沙可以集聚成塔，形容积少成多。"现身说法"指佛能依附在一切有生命的东西上，显现出种种不同的身形来讲解佛法。后来比喻以亲身经历来讲明道理，劝导别人。"非非"是佛家用语，指一般人的认识不能达到的那种玄妙的境界，"想入非非"原来指想进入达不到的玄妙境界，后用以形容人胡思乱想，不切实际。

而像"明镜止水、无中生有、盗亦有道、不法常可、得意忘言、无为而治、安危相易、祸福相生"等都是道家出世的思想和独具特色的哲学思辨能力的反映。"无中生有"出自《老子》第四十章："天下万物生于有，有生于无。"原指道家对事物的朴素的认识，后来意思发生了转变，指本来没有却硬说有，凭空捏造。"无为而治"现在的意思是不加约束，让人自由发挥聪明才智。这里的"无为"是不作为，这个成语反映的是我国古代道家关于治理国家的一个基本观点。

　　成语与中国文化的关系，远远不止上文所列举的这几个方面。而不管是从精神文化层面还是从物质文化层面看，汉语成语中都沉淀着丰富而生动的文化内涵，闪烁着中华民族智慧的光芒。

六、歇后语略谈

歇后语是我国民间流传得最广的传统语言文化之一，它集诙谐幽默于一体，集中反映了我国劳动人民的聪明和才智。

歇后语是一种短小、风趣、形象的语句，是我国人民在生活实践中创造的一种特殊语言形式，被誉为群众语言的珍珠。

什么是歇后语？"歇"，就是停止的

意思。"歇后"，就是停止后面的话，而这后面的话正是真意所在。因此歇后语在形式上是半截话，带有隐语性质。它一般由两部分构成，前一部分是对某一事物、某一种行为动作、某一种情况状态加以比喻、形容或描绘，像谜语里的"谜面"，起"引子"的作用，称为"歇面"；后一部分是对前一部分所说的意思加以解释和说明，像"谜底"，起"后衬"的作用，称为"歇底"。所以一个歇后语所要表示的主要意思在后一部分，让人细细领会和猜想它的本意。

例如："猫不吃鱼——假斯文"，前

一部分"猫不吃鱼"，说的是一件不可能发生的事情，因为猫是很爱吃鱼的；而后一部分"假斯文"是用来解说前一部分的，所以说这种事情是虚假的，伪装文雅。我们就可以这样用："你也不用猫不吃鱼——假斯文了，想干什么就尽管干吧。"再如"排骨烧豆腐——有软有硬"，后一部分"有软有硬"是对前一部分"排骨烧豆腐"加以解说而得来的，这个歇后语是用来说明一个人做事情，懂得能屈能伸，有软有硬。

歇后语的歇面和歇底两个部分有内在的逻辑上的联系，失去了这种逻辑上的联系，歇面和歇底之间就不协调，也就缺乏必然性，变得不易理解，因此，任何一个好的、为大家通用的歇后语，其歇面都是与歇底相一致的。

歇后语是熟语的一种，相对于成语、惯用语而言，用字比较通俗、口语化，富有鲜明、生动、活泼的特点，具有明显的诙谐性，这是和前一个语节具有悬念性分不开的。它往往先引入一种新奇的想象，以使人顿时感到莫名其妙，然后再用一个破折号引发出贴切的注释，使人恍然大悟，从而产生妙趣横生的感觉。一般来说，这样的歇后语，前一部分都不带有明显的贬义色彩。反之，则往往具有讽刺性。

总之，歇后语蕴涵着深刻的社会历史文化内涵，能让人在一笑之后，领悟到深层的社会及人生道理。

文字记载

中，最早出现"歇后"这一名称的是在唐代。《旧唐书·郑綮列传》载有这样一则趣闻：郑綮善写诗，诗里总带"刺"，诗的样式也有些怪，当时被人们称为"郑五歇后体"。这种本来登不得大雅之堂的怪诗体竟不胫而走，以至连唐昭宗也经常听到下人的吟诵。这些诗有很多是讽刺时弊的，但唐昭宗非但不怪，反而觉得诗中大有"蕴蓄"，亲笔批"郑綮可礼部侍郎平章事"。后来，郑綮真的当了宰相。不过，他当了官以后就寡言少语，更不写什么带刺的歇后诗了，但歇后体却从此流传开来。

歇后语作为一种语言形式和语言现象，远在先秦时期就已经出现了。早期的歇后语，指的是社会上通用的成语、成句的省略。陈望道先生在《修辞学发凡》中称之为"藏词"。"藏词"，也就是将语末之词隐而不说。如用"友于"代"兄弟"，源于《尚书·君陈》的"惟孝友于兄弟"（友于是指兄弟之情深厚）。陶渊明在《庚子岁五月中从都还阻风于规林》一诗中曰："一欣侍温颜，再喜见友于。"这里就是"友于兄弟"的"兄弟"隐去了，用"友于"来代称兄弟。再如有一副对联，上联为"一二三四五六七"，下联为"孝悌忠信礼义廉"。上联的意思是"忘（王）八"，下联是把最后一个"耻"字隐去，即为"无耻"。这类歇后语以典籍中的成语、成句为基础，大都是一种文字游戏，需要有一定的文学功底，才能理解，所以现在一般很少用

了。

而像《战国策·楚策四》中的"亡羊补牢，未为迟也"，就是我们今天所见到的歇后语了，其在结构上是"比喻——说明"式的。这类歇后语是先做一个比喻，然后再说出本意，只说比喻部分，不说说明部分，说明部分让听者悟出。再如钱大昕《恒言录》所载："千里寄鹅毛，物轻人意重，复斋所载宋时谚也。"这类歇后语，具体形象，通俗易懂，直到今天还继续为人们所使用。

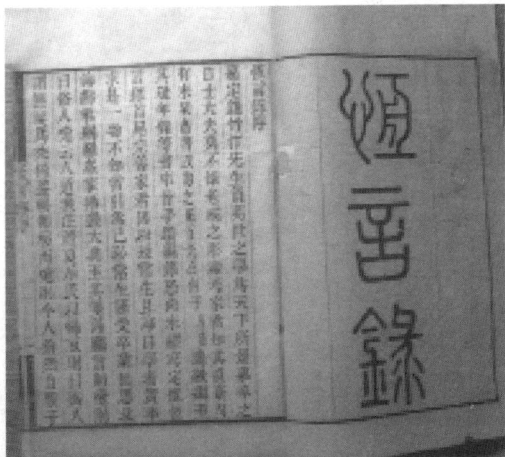

另外，郭绍虞先生在《谚语的研究》中，指出歇后语源起于"射覆语"（类似猜谜的一种形式）；另外一些书上又列出诸如"隐语""谜语""谚语""缩脚语""俏皮话"等名称。加以比较，大都是揭示出其与歇后语的一些异同。

七、歇后语的结构类型和修辞特点

（一）歇后语的结构类型

歇后语是一种现成的、固定的句子，由前后两部分组成，二者是存在必然联系的。关于歇后语的分类，一直都没有固定的说法。有的歇后语，一身兼有几种性质，要划分得十分科学，是比较困难的。我们在此将歇后语分为喻意和谐音两大类。

1. 喻意歇后语，是利用某些有类似

特点的事物来比拟想要说的某一事物，它的前部分是一个比喻，后部分是对前部分的解释。

喻意歇后语可分为三种：

（1）喻事类。如："大海里捞针——无处寻"，前一部分"大海里捞针"，是说到大海中去捞一根针，后一部分"无处寻"是解释这种行为是很困难的。这个歇后语用来比喻某件事情很难做到。这类的例子还有：飞蛾扑火——自取灭亡、耗子拉木锹——大头在后边、猪八戒照镜子——里外不是人、老牛追兔子——有劲使不上。

这类歇后语，是用实在的或想象的事情作比方。如果对设比事情的特点、情状有所了解，也自然能领悟后半截的"谜底"。

（2）喻物类。如"太岁头上的土——动不得"，前一部分中的"太岁"是传说中的神仙，而神仙头上的土当然

"动不得"。此类歇后语还有：秋后的蚂蚁——蹦达不了几天、棋盘里的卒子——只能进不能退、草上的露水——留不住、兔子尾巴——长不了。

这类歇后语，则是用某种或某些物件作比方。了解设比物的性质，也就能领悟它的意思。

（3）故事类。如"八仙过海——各显神通"，前一部分中的"八仙"是民间广为流传的道教八位神仙。相传这八仙过海时不用船，各有一套法术，自然是"各显神通"了，这个歇后语用来比喻各自有

一套办法，或各自施展本领，互相竞赛。类似的歇后语还有：楚霸王举鼎——力大无穷；曹操吃鸡肋——食之无味，弃之可惜；白娘子救许仙——尽心尽力；包公断案——铁面无私。

这类歇后语，一般是引用常见的典故、寓言和神话传说等作比方。只要知道有关的故事情节，一般也能了然。

2.谐音歇后语，是利用同音字或近音字相谐，由原来的意义引申出所需要的

另一个意义。这是一种言在此意在彼、妙语双关的现象。这类歇后语，往往要转几个弯，才能领悟它的意思。因而也更有趣味。

例如："外甥打灯笼——照旧（舅）"，后一部分"照舅"是前一部分"外甥打灯笼"的表面意思，而"照旧"才是实际所要表示的意思，是说某种情况跟原来一样。因为"舅"和"旧"是同音，表面说的是"舅"，实际是指"旧"，这就是谐音双关，是音同谐音。又如"和尚打伞——无法（发）无天"，前一部分"和尚打伞"，表面上的意义是"没有头发也看不见天（无发无天）"，实际上是利用"发"与"法"字音相近，构成双关，指的是"无法无天"，即不遵守法纪的约束，肆无忌惮地为所欲为。这是音近谐音。这样的歇后语还有：旗杆顶上绑鸡毛——好大的胆（掸）子、腊月里的萝卜——动（冻）了心、下雨出太阳——假情

（晴）、二两棉花四张弓——细谈（弹）。

这种谐音双关的歇后语诙谐活泼，意味深远。

（二）歇后语的修辞特点

歇后语是经过千锤百炼而形成的语言精华，是语言宝库中的璀璨明珠，它所体现的不仅仅是作为语言载体的实用价值，而且是作为艺术化了的语言的修辞价值。

歇后语的修辞，使语言形象生动、幽默诙谐、妙趣横生、耐人寻味。而这种效果是跟歇后语富于表现力的修辞方式相一致的。在歇后语中比较常见的修辞手法

有：

1. "拟人"是歇后语一种常用的修辞手法。为了增强形象性和生动性，许多歇后语把物予以人格化，把无生物或一般动物当做人来描述，使它们有人一样的思想感情和行为动作。如："夜明珠喘气——活宝"中"夜明珠"是稀世之宝，它自然不会"喘气"，而这条歇后语却赋予"夜明珠"以人的动作"喘气"，当然是"活宝"了。又如"泥菩萨洗澡——越洗越脏"，泥菩萨是用泥做的，把泥菩萨拟人化来说，它洗澡肯定是越洗越脏。"猫哭耗子——假慈悲"，猫吃老鼠是本能，此歇后语却巧妙地用拟人的手法说成"猫哭耗子"，当然是"假慈悲"。这类用拟人手法构成的歇后语由于抓住被拟物各自的特点，因而真切自然，感染力强。

2. "夸张"也是歇后语一种常用的修辞手法。歇后语为了更突出、更鲜明地强调后一部分的本义所在，故意言过其

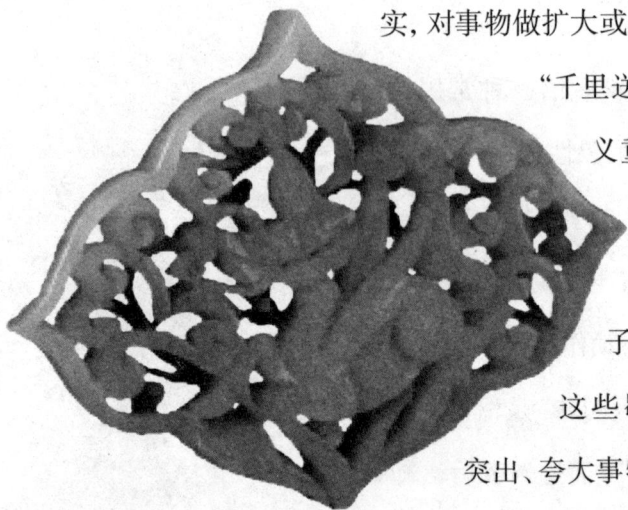

实，对事物做扩大或缩小的描述。如：

"千里送鹅毛——礼轻情义重""高射炮打蚊子——大材小用""冬瓜大的茄子——嫩不了"等，这些歇后语有意识地突出、夸大事物的状况，渲染事物的本质，将抽象的道理生动化，"千里""高射炮""冬瓜大的茄子"等等，运用夸张手法，给人以形象生动之感，能引起人强烈的共鸣，使读者获得丰富的审美感受。

3."双关"是构成歇后语的重要修辞手法。歇后语含蓄风趣，诙谐幽默，往往利用语义和语音的条件，有意地使后一部分的说明、解释具有双重意义，言在此而意在彼，巧妙地构成双关。歇后语的双关可分为谐音双关和借义双关两类。

用谐音双关构成的歇后语，这一类

在前面的歇后语的结构类型部分已有所涉及。例如：

"上鞋不用锥子——真（针）好"中，前一部分"上鞋不用锥子"，表面上的意义是"针的质量好"，实际上是利用"针"和"真"字音相同，构成谐音双关。

用借义双关的手法构成的歇后语，例如："一根筷子吃莲藕——专挑眼儿"，后一部分"专挑眼儿"是对"一根筷子吃莲藕"加以解说，也就是专挑莲藕的眼儿，而实际上的意思是指专门挑毛病。"水兵的汗衫——满是道道"，后一部分"满是道道"表面上是指"满是横的蓝线条"，实际上是指"办法多"。"柳树上开花——没结果"中"没结果"表面上是指"没有结出果实"，实际上是指"没了结、没成效"。类似的歇后语还有：墙上挂竹帘——没门儿（没门路）、大路上的电杆——靠边站（失去权力）、快刀

切豆腐——两面光（两边讨好）、水仙不开花——装蒜（装腔作势）。

这些都是利用词语的不同含义构成双关，含蓄幽默，耐人寻味。

4."比喻"也是构成歇后语的基本修辞手法。用某些有类似特点的事物来比拟想要说的某一事物，相当于修辞中的"比喻"。比喻在辞格上分为三个类型：明喻、暗喻和借喻。此类修辞手法在句中使用时体现得较为明显。

明喻：怪不得人说你们"子曰诗云"的人难讲话，这样看来，你好像老鼠尾巴上害疖子——出脓也不多！

借喻："兔子叫门——送肉来了……"张毛愣说着拔出腰间的手榴弹，揭去了盖。

暗喻：祝永康掏香烟，双手递给万寿年一支……万寿年接过香烟，道："这成了饭店臭虫——在家吃客。"

这三种类型中，以暗喻最为常见。人

们在交际过程中，为了达到礼貌目的或出于维持人际关系的需要，常常会借助暗喻性的语言，以避免某些令人不愉快的说法。

歇后语大大增强了语言的修饰效果，有力地提高了语句表达的形象性、隐晦性，给人以耳目一新、想象丰富的感觉，这样便可达到打动人心、引起共鸣的目的。

八、歇后语的文化折射

语言是文化的载体，习语又堪称是语言的精华，而汉语言习语中的歇后语更是汉民族文化独有的表达方式。歇后语中蕴涵着丰富的汉文化，依所反映的文化成分可分为如下类型：

（一）歇后语与文化风俗传统

从歇后语中我们可以了解到中华民族几千年的各种文化风俗传统。如从

"三十晚上熬年——送旧迎新""拜年的嘴巴——尽说好话""大年初一吃饺子——头一回"中我们可以了解到岁末三十晚上要不眠守岁、大年初一要拜年、过年要吃饺子的习俗;"八月十五吃元宵——与众不同"告诉我们,正月十五是元宵节,要吃元宵赏灯,而八月十五是中秋节,要吃月饼赏月。在八月十五吃元宵当然是"与众不同"了。

在歇后语中也能了解到中国称谓关系。如:"公说公有理,婆说婆有理——难断是非""三婶婶嫁人——心不定"中的"公公""婆婆""三婶婶"为父亲家族的称谓;"外公死儿——无救(舅)""外甥戴孝——无救(舅)了"中的"外公""外甥"为母亲家族的称谓,在中国的文化传统中,母亲的亲属为外姓,所以在称谓前加"外"以反映亲疏远近的关系。

有的歇后语也反映了民间笃信道、佛及儒教所追求的观念。如"七月半进庙——撞鬼"农历七月半正是七月十五，这一天是民间的鬼节。

（二） 歇后语与文学艺术

有很多歇后语是来源于文学艺术作品的，对其中的人物尤为青睐，从一国之尊至黎民百姓，歇后语不问性别、不计贫富、不辨虚实，只要民间有传闻，统统收入囊中。像"武大郎攀杠子——两头够不着""武大郎的身子——不够尺寸"。武大郎是《水浒传》中身高不足丈尺的卖货郎，他去攀杠子无疑令人啼笑皆非。而他身高不足丈尺，显然是"不够尺寸"。像出自文学作品中的歇后语数不胜数，现简单列举几例：孔明大摆空城计——化险为夷（出自《三国演义》）、孙悟空钻进铁扇公主肚里——心腹之患 （出自《西游

记》)、晁盖的军师——无(吴)用(出自《水浒传》)、林黛玉葬花——自叹命薄(出自《红楼梦》)。

从歇后语中也可以体会到中国人的审美情趣。中国人传统的审美理想是追求超凡脱俗的高远意境,在大自然中陶冶性情得以养生悟道。如:"初次喝盖碗茶——四路无门"体现的是中国人茶文化中的审美观。饮茶的盖碗是天、地、人和合的象征,盖碗也称三才杯,饮啜时碗盖轻轻下压,留出一条缝隙,一闻二看三品味,犹如品味人生,无师指点真不知从何入径。

(三)歇后语与生活习俗

歇后语大都来源于民间,因此表现

生活习俗的歇后语比比皆是。

歇后语对中国人的饮食观及传统食品给予了极大关注，指出中国人传统饮食讲究色、香、味俱全，是艺术美食观，且在饮食中引发一种事理。如"小葱拌豆腐——一清（青）二白"，小葱为青色，豆腐为白色，小葱色艳、味浓，豆腐白嫩爽口，两者搅拌在一起吃起来非常可口，色、香、味俱全。"青""白"两色配在一起，"一青二白"，"青色"中的"青"同音切换"清楚"的"清"，歇底"一清二白"说明歇面"小葱""豆腐"所喻的两种事物是界限分明、一清二楚的。又如"炒韭菜放葱——白搭""炒了的虾米——红人（仁）""白水煮豆腐——淡而无味""鸡蛋里挑骨头——百般挑剔"都和老百姓的饮食文化分不开。

有的歇后语还形象地描述了

中国传统服饰的样式及搭配的审美观。如"长袍马褂瓜皮帽——老一套"中，如果不知道"长袍马褂瓜皮帽"源于清代满族，是清朝和民国初期较为流行的便服，那就很难理解为什么是"老一套"了。类似的还有"戴斗笠穿西装——土洋结合""穿着汗衫戴棉帽——不相称"等等。

而像"走亲戚拿块凉粉——失礼（理）"则代表了中国的一种习俗文化，即见人行礼打招呼，重情义，走亲访友沟通感情必须带礼品。

（四）歇后语中的自然风物

在山水、器物、建筑、气候中也出现了不少的歇后语。歇后语涉足的地理文化非常宽泛而且内容具有很强的思辨力。如"泰山顶上观日出——站得高"，登高望远、美景尽收，意味着视野宽阔。

根据动植物的习性而来的歇后语也不在少数，如"放虎归山——后患无穷""树桩上的鸟儿——迟早要飞""牵牛花——顺杆爬"等等。

像"太阳底下的露水——不长久""半天云里的雨——成不了气候"，体现了劳动人民从实践生活中得出的气象经验。

歇后语对中国传统器物非常看重，记载并指明各种器物的特征与功用。如"大姑娘坐轿——头一遭"，在中国古时

结婚迎娶新娘，新娘坐花轿被抬到新郎家完婚，这是人生第一次坐花轿，因此幸福、新奇。

歇后语中记载了中国传统建筑的典型特征，并对辉煌的建筑给予表彰。如"秦始皇筑长城——千古奇迹"，长城从东至西，蜿蜒绵长万余里。过去是战争盾牌，现在是文化景观。

（五） 歇后语中的道德修养

中国素有礼仪之邦的美誉，自西周时的宫廷繁文缛节到今天民间人情世故，处处体现了以礼待人、敬人以礼的观念，歇后语对此有翔实的记载和独到的评论。"见人先作揖——礼多人不怪"，长幼有序、宴席主客座次有序，最初的这些礼仪规范，久而久之，在民间演绎为约定俗成。

传统文化倡导的集体主义思想，影响社会民众形成一种从众心理和同质化人格，歇后语将这种心理趋向表现毫不留情地披露出来。如"枪打出头鸟——杀一儆百"，集体主义反对个人冒尖。

中华民族传统美德的基本内涵可由儒家所倡导的五伦关系及忠、孝、仁、义、礼、智、信思想概括。"皇帝发话了——军（君）令"，儒家学说认为"君臣、父子、夫妇、兄弟、朋友"五伦关系是社会各种关系的核心，这五种关系处理好，社会就和谐了。又如"礼义廉——无耻"，知礼义廉耻是中华民族的传统美德。

九、歇后语与成语的区别及联系

（一）歇后语与成语的区别

　　成语和歇后语是人们所熟悉和常用的固定短语，它们经常作为完整的意义单位来运用，两者的性质相似，但也有各自的特点。对于两者的特点，前面我们已经分别详细地作过介绍。它们的区别，大致上可从以下几个方面去分析。

　　从来源上看，成语的来源甚多，大部分来自古代文人的作品，有的来源于神话寓言或历史故事，也有一小部分是来自民间的口头俗语；而歇后语则主要来源于民间，是广大劳动人民在实践生活中创造的。

从结构上看，成语大多以四字格为主来表达一个复杂的意思，它的结构或结构成分不能轻易变动，具有较强的凝固性。歇后语是通过喻体和释义两部分来说明复杂意思的，其前后两部分是定型的，喻体和释义必须是相关的。

从风格色彩上看，成语主要是以书面语的形式存在，绝大多数都是由古代继

承下来的,典故性强。如"望梅止渴""夜郎自大"等,而歇后语主要是以口语形式存在的。如"上鞋不用锥子——真(针)好""木头眼镜——看不透"等等。

成语的感情色彩很明显,有褒义的、贬义的和中性的,如"无微不至"为褒义,"明哲保身"为贬义,"庞然大物"为中性。歇后语是一种短小、风趣、形象的语句,幽默风趣,是以"诙谐"为基调的。如"洗脸盆里扎猛子——不知深浅",就是用诙谐的语言来表达其中蕴涵的贬义。

从表达作用上看,成语往往是通过古代的寓言故事或历史故事来讲清道理,富有哲理性;歇后语主要是为了把话讲得形象风趣,使人有生动活泼之感。

从语言运用上看,成语的运用在前面也已作过详细的分析,在运用时应当注意成语含义的变化,切记望文生义。

而歇后语不存在古今异义的情况,在运用时需特别注意的是:

1.使用歇后语要有所选择。歇后语一向广泛地流传于民间,大多数歇后语的思想意义是健康、进步、积极的。但是也有一些歇后语反映的是落后的思想意识和一种庸俗低级的趣味。在运用歇后语的时候,我们对于那些落后的、消极的、庸俗的歇后语要加以剔除。总之,要有所选择,不能信手拈来,随便使用。

2.要注意歇后语的通俗性和地方性。大部分歇后语是通俗易懂的,但是也有一部分是隐晦难懂的,这种歇后语,听者很难一下子理解过来,因此不宜随便使用。有些歇后语方言色彩比较浓厚,其他地区的人不容易看得懂,最好不用。

3.比较容易懂得的歇后语,解释部分最好不说出来,这样更容易显出歇后语的效用;如果不是那么容易懂,或是谐音的歇后语,那就必须说出后面解释部分,否则很

难收到较好的表达效果。

4.要注意使用的场合。要根据所要表达的意思和语言环境恰当地使用，不能滥用。有的文体或场合，相对多用一些歇后语，会增加语言的形象性、生动性，使人感到幽默风趣。反之在有的文体或场合，如果用得太多太滥，就会显得不庄重，过于轻浮。所以要用得自然，用得得体，用得恰当。

（二）歇后语与成语的联系

歇后语与成语又有着密切的关系。在歇后语中，有许多"歇底"是成语。成语具有言简意赅的特点，歇后语具有幽默风趣的色彩，二者紧密结合，就产生了妙趣横生的效果。例如"擀面杖吹火—— 一窍不通"，后一部分"一窍不通"为成语，是对前一部分的解说。擀面杖是用来擀面的木棍，中间密实无孔，不能通气，当然不能用来吹火。而"一窍不通"就是说七窍中没有一个是通气的，用来形容不明事理或见闻狭隘，比喻一点也不懂，为贬义，多用于批评。再如"小葱拌豆腐—— 一清（青）二白"，后一部分"一清二白"是成语，比喻某种事情、行为或情况纯洁无瑕，清清白白，含褒义。类似的歇后语还有：秦叔宝卖马——穷途末路、穆桂英挂帅——威风凛凛、龙王爷亮相——张牙舞爪、小和尚

念经——有口无心、杀鸡用牛刀——小题
大做。

这类歇后语如果使用恰当，可以增
强语言的表达效果，也可以缓解气氛，增
加幽默诙谐之感。

总之，异彩纷呈的歇后语为我们展
现了一个绚丽多彩的文化世界。它运用了
多种修辞手法。在说话写文章时能使语
言通俗幽默、活泼生动、讽刺含蓄。如果
巧妙地加以运用，形成幽默的语言风格，
能增强语言的形象性。只有破解其中蕴
涵的文化，学习者才能真正地理解歇后
语的妙处。